PROMENADE

A L'ILE

SAINT-OUEN-SAINT-DENIS

(PARTANT DES BATIGNOLLES)

PAR

AUGUSTE DE CHATILLON.

SE TROUVE :

Au bureau des voitures de Batignolles.
A la station des voitures Saint-Ouen-Saint-Denis.
Au bureau des voitures de la ville de Saint-Denis.

DÉPOT :

Au Tir au pistolet, île Saint-Denis, chez M. Cordier.
Et dans les principaux établissements de l'île St-Ouen-St-Denis.

1857

PROMENADE

A L'ILE

SAINT-OUEN-SAINT-DENIS

(PARTANT DES BATIGNOLLES)

PAR

AUGUSTE DE CHATILLON.

SE TROUVE :

Au bureau des voitures de Batignolles.
A la station des voitures Saint-Ouen-Saint-Denis.
Au bureau des voitures de la ville de Saint-Denis.

DÉPOT :

Au Tir au pistolet, île Saint-Denis, chez M. Cordier.
Et dans les principaux établissements de l'île St-Ouen-St-Denis.

1857

Montmartre. — Imp. Pilloy.

PROMENADE A L'ILE SAINT-OUEN-SAINT-DENIS

(PARTANT DES BATIGNOLLES).

Chacun court et la foule abonde,
Les bureaux s'encombrent de monde ;
Je cours aussi prendre un billet.
— L'impériale, s'il vous plaît?
Quand partons-nous? — A la seconde.

Je monte alors. — Fouette, cocher !
Tout en roulant sans accrocher
Vers la route qui se prolonge;
De temps en temps son fouet s'allonge
Sur les chiens qu'il voit s'approcher.

— Nous voici passé la Grand'Rue,
Et nous descendons l'avenue
Qui conduit au vieux Saint-Denis.
Aux premiers arbres rabougris
La vitesse alors s'accentue.

— Est-ce ordre de maire ou d'adjoint?
Des Batignolles à Saint-Ouen
Avec intention, sans doute,
Les maisons du bord de la route
Sont construites en *bisque-en-coin*...

Toutes ont l'air d'être fâchées!
Quelles sont les raisons cachées
De maisons contre tout bon sens,
Faisant la grimace aux passants ;
Et pourquoi ces laideurs cherchées ?

Peut être est-ce loi de terroir.
— En attendant de le savoir
Je prends mes aises, je m'installe ;
Me trouvant, sur l'impériale,
Mieux dessus que dedans pour voir.

II

Je suis très riche à cette place ;
Voir c'est avoir! — Je vois l'espace
Et les bleuâtres horizons ;
Les champs, les hommes, les maisons,
Le chien qui court, l'oiseau qui passe.

Tout m'aide à faire mes chansons :
Les bruits, les cris, les voix, les sons ;
J'écoute tout de ma banquette.
Je compose une chansonnette...
Aboyez, chiens, chantez, pinsons.

Le vent aussi chante en la plaine,
De Montmartre à l'île lointaine
A l'île Saint-Denis-Saint-Ouen !
Je vais dans son herbe et son foin...
De chansons la verdure est pleine.

— Rivières, arbres, gazons verts,
Saules gris aux troncs entr'ouverts,
Aux branches traînant dans l'eau verte ;
La strophe est bientôt découverte
En la cherchant dans vos concerts !

III

A la Maison Blanche on s'arrête.
En descendant de la banquette
A gauche on traverse Saint-Ouen ;
On suit un parc qui s'étend loin
Et jusque vers l'eau se projette.

Lors, c'est un beau spectacle à voir ;
Cette île, ainsi qu'en un miroir,
Dans la Seine au loin se reflète,
Et, comme fait une coquette,
Se mire du matin au soir.

Tout scintille sous la lumière,
Tout retentit sur la rivière,
Tout est musique avec l'écho ;
Le bruit de la rame sur l'eau,
Le battoir de la lavandière.

Malgré l'éclat du pont nouveau,
Je préfère l'ancien bateau ;
Là, chaque coup de rame berce,
Pendant le temps que l'on traverse
On laisse aller sa main dans l'eau.

Cette île semble un coin de terre
Pour l'amour et pour le mystère...
On doit visiter avec soin
Cette île Saint-Denis-Saint-Ouen !
C'est comme une île de Cythère

Où vont s'éparpiller, nombreux,
De belles grappes d'amoureux
En plein soleil de la jeunesse!
Le temps mûrit, le temps nous presse ..
— Aimons pour trois plus que pour deux.

IV

Aux jours d'été, selon l'usage,
On s'y baigne ; et, sous le feuillage,
Hommes, femmes, petits enfants,
Confondent leurs cris triomphants
Tout en s'exerçant à la nage.

On voit des beaux, on voit des laids,
Des trop gras, des trop maigrelets,
Des dames se tenant aux saules
En montrant leurs belles épaules
Où le ciel darde ses reflets.

Puis alors que les plus peureuses
Sortent de l'eau, toutes frileuses,
Les plis trop peu mystérieux
Semblent égrener à nos yeux
Toutes les perles des baigneuses.

V

Que d'autres plaisirs en ces lieux !
Aux sons d'orgues harmonieux
Les dames ont l'escarpolette,
Les *monsieurs* ont *la pistolette ;*
Le jeu de boule est pour les vieux.

— On entend des cris d'allégresse...
Voulez-vous voir une Kermesse,
De gais buveurs, un gai festin ?
Ceux-là sont auprès du moulin ;
Allons vers ce monde en liesse.

— Par d'ombreux arbres, recouverts
Comme sous des parasols verts
Où le grand soleil se tamise,
Les amis placent à leur guise
Leur table droit ou de travers ;

Qu'importe ? On rit, on boit, on dîne...
Mais en allant à la cuisine
Soi-même chercher le morceau
De mouton, de bœuf ou de veau,
Ou le canard à bonne mine.

Il est aussi, dans *les châlets*,
Des salons et des cabinets
D'où l'on voit toujours la verdure ;
Mais d'où le rideau peut exclure
Les regards des gens indiscrets.

VI

Cher lecteur, ici prenez garde ;
Le chapitre six ne regarde
Que les *vrais* pêcheurs seulement.
Vous vous tromperez sûrement
S'il vous semble que j'y bavarde.

Passez outre. — Il me plaît, à moi,
De professer bien haut; ma foi,
Mon admiration insigne
Pour l'homme qui pêche à la ligne :
On n'en peut trop parler, je croi.

— En plein soleil et près d'un saule.
Avec son panier et sa gaule,
Et son sac et son grand chapeau ;
Debout, le bras tendu sur l'eau
Et sans souffler une parole ;

Voyez ! — ce Terme est un pêcheur.
Un persévérant, un chercheur ;
Saluez cette âme choisie ;
Cet homme plein de poésie...
— Au pêcheur *à la ligne*, honneur!

Honneur aux pêcheurs à la ligne,
(Dont je suis un confrère indigne ;)
Patients, nous sommes des forts !
Et pêcheurs, nous ornons les bords
Comme une grappe orne une vigne.

A notre place on peut nous voir
Depuis le matin jusqu'au soir,
Etendant un bras en silence ;
Ne prenant rien... par la non-chance ;
Mais le cœur toujours plein d'espoir.

Nous sommes tous d'humeur tranquille
Et ne faisons nul bruit dans l'île :

Les rossignols seuls font du train.
Une fois la ligne à la main,
On doit se tenir immobile.

— En apercevant l'un de nous,
Dorénavant découvrez-vous.
Le ciel nous marque et nous désigne;
Quand on naît pêcheur à la ligne
On a droit aux respects de tous!

Entendez vous? ô sotte espèce
Qui vous moquez de nous sans cesse,
Dès que vous voyez aux buissons
Accrochés nos fins hameçons
Et que nous sommes en détresse;

Entendez-vous? ô canotiers,
Qui nous insultez volontiers,
Nous montrant d'un geste... à vos dames,
En fuyant courbés sur vos rames,
Ainsi que font les flibustiers.

—Guerre! si vous voulez la guerre.
Votre souvenir m'exaspère!...
Et par trop souvent vos canots
Exprès ont agité mes eaux,
Quand je poursuivais ma chimère.

— Et vous, qui pêchez aux filets!...
Gens de rien du tout, galuchets!
Qui prenez *nos* poissons en masses
Avec des seines ou des nasses;
Nous serions honteux de tels faits!

— Opposant finesse à finesse,
Nous n'apprécions que l'adresse
Et la vibration du fil
Que secoue un poisson subtil.
Un seul goujon nous intéresse.

Ah! ah! ah! — Pensait-on, ici,
Que j'allais m'excuser? — Merci!
Jamais. — Notre pêche à la ligne
Est la moindre mais la plus digne,
Et la plus honorable aussi.

VII

En suivant le chemin qui mène
Tout le long des bords de la Seine,
Et qui fait des détours charmants;
On va, par où vont les amants
Tout en cueillant la marjolaine.

Et l'on voit, comme en liberté.
Des chevaux, pendant tout l'été,
Paissant au soleil, dans la plaine,
Venir vous fixer par centaine,
Avec des yeux pleins de bonté :

Ou sans s'arrêter davantage,
Ils fuient au fond du pâturage
Et se groupent dans les lointains;
Points noirs, points blancs, fauves, châtains,
Animant le vert paysage.

— Puis, on traverse un pont de bois,
Étagé comme un pont Chinois.
Dans l'anse, où l'eau clignotte et brille,
Clapote, à l'ombre, une flottille
De canots rangés trois par trois.

On contemple alors l'entourage :
Prés, peupliers, sentiers, rivage ;
Les parcs ombreux, les horizons ;
Des nids plutôt que des maisons,
Un Eden plutôt qu'un village ;

De verdoyants jardins nouveaux ;
Des villas, de petits châteaux !...
Tout est frais, calme : école, église,
Maisons, mairie. — Il s'indemnise !
Cet endroit jadis à créneaux...

VIII

Autrefois, là, Burchard tenait sa forteresse,
Son repaire, son antre ; il en sortait sans cesse
Pour rançonner, piller dans tous les environs.
Il avait avec lui des bandes de lurons
Ne reconnaissant rien, ni clergé, ni noblesse.

Les bons moines de Saint-Denis
De ses assauts toujours punis,
S'en furent dire au roi de France (1) :
« Sire, donnez-nous assistance ! »
Le roi répondit : « Mes amis,

(1) Robert dit le Dévot, en 998.

Quoi faire en cette triste affaire?
Je n'ai pas un sol pour la guerre...
C'est un bandit sans foi ni loi,
Qui résiste même à son roi !
Je vais voir à nous en défaire
Et le ferai venir vers moi. »

Défendu qu'il était par deux bras de la Seine,
Comme un lion forcé, s'il quittait son domaine
Il donnait un signal; et tous, bêtes et gens
Passaient de l'autre bord, et des chefs diligents
Gardaient pour eux les bois, les lacs, les prés, la plaine.

Quand les soldats du roi, lassés, étaient partis ;
Tranquillement alors repassant les pays,
Il revenait encor reprendre cette place,
Ou s'éloignait encor, un jour de guerre lasse,
Pour revenir encor assiéger Saint-Denis.

C'était inquiétant un pareil brigandage...
Ces bandits redoutés montraient un grand courage;
On les avait en vain attaqués plusieurs fois,
Mais ils étaient toujours les vainqueurs dans leurs bois ;
Burchard étant partout dans les jours de carnage !

Le roi lui dit : « Tu n'es qu'un tueur, un larron ;
Mais tu comprends la guerre... et je te fais Baron ! (1)

(1) A la première grande bataille, Burchard enleva seize drapeaux à l'ennemi, ce qui motive les seize alérions de sable que l'on voit sur son écusson. Les Burchards portent : d'or à la croix de gueule, écartelé et cantonné de seize alérions de sable.

— Je pourrais aussi bien ici te faire pendre...
Je t'ai donné parole et ne veux la reprendre.
Je suis ton chef, ton roi!... — Vassal, courbe le front. »

Le bandit s'inclina sur les marches du trône,
Jura fidélité loyale à la couronne,
Et tint parole aussi, car il avait du bon ;
Etant né batailleur, plutôt que vagabond,
Il offrit à son roi sa bande et sa personne.

— Pourquoi rançonnes-tu mes bons moines ainsi ?
Que t'ont-ils fait, brigand ? ils demandaient merci !
— Sire, répondit-il, eux font bien davantage !
Informez vous-en donc dans tout le voisinage...
Je venge le plus faible en les frappant aussi.

—Je n'en sais rien, passons... D'ailleurs le temps me presse.
L'abbaye est à sec, les moines en détresse ;
Ils craignent et les tiens et ta griffe et ta dent ;
Bref, Je te donne, en fief, les bois de l'Ile-Adam.
Va, vis honnêtement... — Rase ta forteresse.

— Hélas! rien n'est parfait. — Plus d'un ancien blason
A pareille origine et pareille raison.
Mais il faut pardonner à l'humaine faiblesse.
— De ce temps là, Burchards, date votre noblesse ;
Vous n'en êtes pas moins une illustre maison !

IX

Pour aller dans les blés on se détourne à peine ;
Au bout d'un pont de fer on est à *la Garenne.*

Alors l'immensité déroule ses lointains...
Mais les petits grillons, de leurs trous clandestins
Sifflent le promeneur; et chacun en cadence
Bruïssant sur son seuil sans cesse recommence...
On croit que c'est un chant, et moi je ne crois pas;
Ils se moquent de nous, bien sûr, à chaque pas.
L'orgueil de l'homme entend un chant de bien-venue!
Soit!.. mais ce n'est pas vrai.—Le vrai, c'est l'étendue..;
Le ciel, le beau soleil, les blés, comme une mer
En couchant leurs épis sous le souffle de l'air.
—Oui, mais le vrai pour l'un semble le faux pour l'autre...
Je reprends *mon* Saint-Ouen, le *mien* ou bien le *vôtre*.
Je reprends mon couplet, mon rhythme et mon récit,
Pour la moralité de mon tableau décrit.

X

Las ! j'ai traversé l'Atlantique,
Il n'est rien de plus *romantique*
Que ces tonnelles, ces berceaux
D'où l'on voit passer les bateaux
En mangeant le lapin classique.

XI

De Saint-Ouen, pour traverser l'eau
On ne se rendait qu'en bateau;
Depuis, le pont *Vernier* existe !
— C'est monumental, mais c'est triste,
Et pour moi, peintre, c'est moins beau.

Sous le prétexte de l'utile,
Bientôt on transformera l'île :
On y bâtira des quartiers.
Plus de foins, plus de peupliers...
Un théâtre de vaudeville !

Puisse-t-on, avant ce progrès,
La photographier... Exprès
Pour que l'on puisse un jour voir comme
Tout change par l'œuvre de l'homme.
— L'île ancienne aura mes regrets;

Non les vôtres, mesdemoiselles;
Je vous annonce les nouvelles
Que m'a dîtes mon petit doigt :
Il paraîtrait que cet endroit
Fera tourner bien des cervelles !

D'immenses bals resplendiront
Par le fait des maîtres du pont;
Ils vont créer là des merveilles,
Et des fanfares sans pareilles
Jusqu'à Paris retentiront !

XII

— Les ombres des arbres s'allongent,
D'instant en instant se prolongent...
Le soleil couchant dore au loin
Toutes les rives de Saint-Ouen.
Les poissons sautent et replongent.

Les vapeurs vont tout rembrunir...
Je rentre, en regardant finir
La splendeur de cette journée
Du chant des grillons couronnée ;
Et j'emporte ce souvenir.

— Saint-Ouen-Saint-Denis, tes rivages
Font faire à tous bien des voyages...
Aussitôt que vient le printemps !
— Moi, je t'admire en tous les temps.
Au revoir ! — Reçois mes hommages.

Auguste de Chatillon.

Montmartre. — Imp. Pilloy

www.ingramcontent.com/pod-product-compliance
Lightning Source LLC
LaVergne TN
LVHW010020230826
846092LV00002B/922

* 9 7 8 2 0 1 9 9 3 3 2 4 1 *